수레의산 아래 수리뜰

수레의산 아래 수리뜰
심재황 제9시집
2024년 5월 30일 제 1판 인쇄 발행

지은이 ┃ 심재황
펴낸이 ┃ 심재황
펴낸곳 ┃ 도서출판 나리북스

등록번호┃ 542-12-01995 (2022년 02월 08일)
주소 ┃ 15802 경기도 군포시 고산로 677번길 34, 1324-1303
대표전화┃ 031) 398-5610
팩스 ┃ 031) 398-5610
이메일┃ julyshim@hanmail.net
ISBN 979-11-979286-5-9 (03800)
가격 10,000원

※ 잘못 만들어진 책은 바꿔드립니다.
ⓒ 이 책 내용의 일부 또는 전부를 재사용하려면
반드시 저작권자의 동의를 받아야 합니다.

수레의산 아래 수리뜰

심재황 제 9시집

나리북스

차례

작가의 말 ------------------------

수레의산은 물의 이동, 산 정상, 독수리 또는 수레바퀴에 대한 전설과 유래가 있습니다. 광대한 산자락에서 서쪽으로 골짜기가 하나가 내려갑니다.

완만한 수레올 골짜기에 햇살을 담은 물이 흘러 내려갑니다. 물가를 따라서 계절 꽃들은 점점 더 퍼져나가고 있고요.

마을로 내려가면서 개울가에도 골짜기에도 옛날부터 밭을 일군 터전들이 있습니다. 그중에서 복숭아 과수원은 이 고장의 정취를 간직하고 있습니다.

저수지 위 골말, 그리고 그 아래 새터와 너른 중말, 본말 터에는 마을의 넓은 마음과 깊은 정감이 담겨 있습니다.

시간이 지나며 차평리, 수레들, 수리들, 그리고 수리뜰 등으로 마을 이름이 조금씩 다르게 불리지만, 마을의 아름다운 정서는 그대로 남아 있습니다.

해마다 들르다가 복숭아를 보면서 정이 들었습니다. 복사꽃 피면서 솎아내고 봉지 싸매고 수확하는 고단함도 알게 되었어요. 아름다운 이야기를 들려주신 수레의산 농장의 최병훈 선생님께 감사드립니다.

2024년 5월　심재황

차례

4 작가의 말

1부. 수레의산 초봄

12 삽 한 자루

14 정월 대보름

15 봄맞이

16 오리나무 무덤

17 동백 피어나고

18 이른 봄

19 갈대 바람

20 수레올 비탈밭

21 이른 산수유

22 늦은 산수유

23 움트는 벚꽃

24 조급한 민들레

25 어두운 농장

26 산속 밤비

차례

27 오월 서리
28 복숭아 알갱이
29 산속 강풍
30 날개 다친 산새
31 저기 민들레
32 들뜬 봄꽃
33 농장 멍멍이
34 올해 봄날
35 복사꽃 흐르고
36 수리뜰 복사꽃
37 복사꽃 찾으러
38 바쁜 봄날
39 산속 복사꽃

2부. 초여름 바람

41 복사꽃 떨어지고
42 복숭아 땀방울
43 너른 냇가
44 너른 들
45 앞산 산비둘기
46 낡은 비닐하우스

차례

47 한여름 묘지

48 외진 밤나무 산

49 골짜기 사방댐

50 쓰러진 고라니

52 중말 너른 논

53 힘든 시골살이

54 마른 고구마 싹

55 뻐꾸기 수선화

56 변하는 차평리

57 복숭아 봉지

58 물드는 복숭아

3부. 더운 여름과 초가을

60 농장 마당

61 고라니 반짝 눈

62 지루한 무더위

63 벌써 복숭아 수확

64 붉게 칠한 복숭아

65 초여름 비

차례

66 복숭아밭 뻐꾸기

67 산길 묘지

68 더위 참기

69 하루 동안

70 한여름 더운 꿈

71 파꽃

72 길가 개망초

73 울타리 메꽃

74 더운 하루

75 그 모습

76 복숭아 비용

78 하얀 개망초

79 줄어드는 중말

80 수레올 길가

81 알밤 이야기

82 새로운 한 달

83 흐린 하루

84 수레올 지킴이

85 내 마음 내 걸음

86 힘든 여름나기

차례

87 예초기 고장

88 고구마 줄기

90 백년 살이

91 지나가는 세월

4부. 추운 계절에

93 창문 빗소리

94 궁금한 소식

95 날아오는 먹구름

96 비어 있는 농가

98 산속 웅덩이

99 이른 새벽 비

100 가을 낚시

101 차평마을 나들이

102 복숭아나무 다듬기

103 추위 대비

104 담담한 구절초

105 밤안개 멧돼지

106 버거운 늦가을

107 지나간 해돋이

108 내려앉은 무덤

109 가려는 곳

110 겨울비 내리고

111 눈 내린 그곳

112 산골 눈길

113 구운 가래떡

114 본말 충절문(忠節門)

115 중말 열녀문

116 마을 방송

118 마을 정자

120 수레올 계곡물

122 작품 해설

1부

수레의산 초봄

삽 한 자루

삽 한 자루 사려고 헤매다가
장마당 모퉁이에 있다고 해서
두 번이나 물어보며 찾아가요.

과일 가게 아저씨께 물어보니
오던 길을 한참 되돌아가서
왼쪽 골목길로 들어가라 하고

방앗간 아주머니께 물어보니
이쪽 보이는 길로 걸어가서
옷가게 바로 옆이라고 합니다.

옹기종기 널려진 장터를 지나서
구석진 농기구 가게를 찾았어요.

손잡이 긴 것으로 고르는데
니스 칠한 삽자루는 단단하고
페인트 칠한 삽날도 예리해요.

가게 할아버지는 삽을 들어서
이리저리 땅 파는 모습 보이며
바닥에 찍어 줄도 그어 보이니

재미있고 우습기도 하여서
나도 삽 들고 흉내 내면서

에누리 없이 삽 가격을 드리니
들고나온 삽이 한결 가벼워요.

정월 대보름

설레이며 기다리던
크고 밝은 대보름달

세월 속에 사라지고
자취도 남지 않으니

설레지도 않고
기다리지도 않고

어르신들 계시던
그때가 그리워지는데

오늘 큰달이 지면
다시 잊으며 지나가네.

봄맞이

햇살이 드러나면
무언가 피어오르겠는데

곁눈질 하다가
구름 속에 숨어 버리고

하루가 지나가니
봄맞이도 내일로 넘기고

내일 날씨 풀리면
농장에 올라가야 하는데

농장을 둘러보아야겠네.
봄이 오는지
겨울이 남아 있는지

오리나무 무덤

낙엽이 수북하게 덮여도
다니던 흔적은 있는데

둥그스름한 흙 둔덕
흔적은 있는데

봉분 두른 울타리
흔적 없이 무너졌네.

한여름 그늘지고
한겨울 낙엽에 덮여서

얼마나 오래되었는지
봉분에서 삐져나온
오리나무 서너 그루
굵은 기둥이 되었네.

동백 피어나고

계절이 지나기를
하루하루 기다리면
동백이 피어나는데

찬 바람 불어대는
한밤중에 피어나네.

모두 모두 잠에 들고
댕댕이 잠든 사이에
새빨갛게 피어나고

너무나 추운데도
함박눈 내리는 사이에
새빨갛게 피어나네.

이른 봄

단지 며칠 차가워서
꽃샘추위라고 하는데

아무리 차가워도
햇살이 바뀌어 가니
이제 봄이 오려나.

길가에 나무들
추위에 절어서
아직도 거무죽죽

며칠 지나서 보면
생기가 스며들겠네.

갈대 바람

갈대 길 사이에
사연이 있는데

정든 분이 떠난다니
잔잔하던 바람이
어느덧 일어나며

마음을 움직여서
갈대 길 걸어가는데

마음이 흔들려서
갈대 물결 일어나네.

수레올 비탈밭

수레올 산비탈 밭에
겨울 내내 추워서

고라니 발자국
여기저기 남아 있고

자작나무 사이로
햇살이 낮게 드리면

할아버지 무딘 발길
천천히 올라오고

할머니 거친 손길
뒤따라서 올라오네.

이른 산수유

이른 햇살 퍼지면
산수유 피어나는데

산수유 보려고 하면
꽃샘바람 일어나고

잠시라도 머뭇대면
산수유꽃 떨어지네.

농장 길 올라가면서
골짜기 비탈에서
잠시 발길을 멈추면

꽃샘바람 차가워서
다시 옷깃 움츠리네.

늦은 산수유

산수유 피어날 때가
이미 되었는데

샛노란 꽃 빛깔은
어디에도 보이지 않으니

미세먼지 진하게 내려서
며칠은 늦어지는지

산수유 피어나도
누워 있어야 하기에
나가서 볼 수 없으니

올해 산수유는
마음속에 두어야 하네.

움트는 벚꽃

창밖을 바라보면
벚나무 색깔이
연분홍으로 변하는데

한참 기다리면
하얗게 터져 나오겠지.

머리를 감고 나서
머리카락에 맺혀 있는
이슬이 마를 때쯤에서
벚꽃이 피어나겠지.

하늘이 흐려지는데
조금 더 기다려 보네.

조급한 민들레

봄바람 매서운지
겨우 고개 들고서

햇살이 반가운지
노란 얼굴 들고서

잡초들 사이에서
조급하게 피어나네.

오가는 길가에서
남들 눈길 받으려고

조금 더 서둘러서
자리 잡고 파어나네.

어두운 농장

어두움 깔린 농장에
바람이 일어나면
달빛도 없고

오르내리는 계곡 길도
보이지 않는데

산속 영물들
홀연히 출현하고

산짐승 깨어나서
여기저기 돌아다니고

음산한 산바람 불면서
나무들도 일어나네.

산속 밤비

어두운 산속에
퍼붓는 밤비는

달빛도 가리고
별빛도 가리고
농막도 가리고

무성한 잎사귀
한껏 두드리네.

빗소리 세다가
빗소리 들으며
온 밤을 지키네.

오월 서리

이제 오월이 되어서
초여름에 들었다는데

한낮에는 조금 더워도
한밤에는 아니지요.

새벽에 이슬 내리면
밭에 심은 채소 모종은
찬 이슬에 젖어서
해 뜨기만 기다려요.

조금 더 차가우면
채소 싹에 냉해 드는지
새벽에 밭에 나가서

한 바퀴 둘러보다가
햇볕이 비추어 나오면
그제서야 안심되어요.

복숭아 알갱이

보름 전에 복사꽃 날리고
지난주에 잎사귀 돋아나더니
벌써 복숭아 알갱이 나오네.

복사꽃 무성히 떨어지고
알알이 박혀있는데
비 내리고 바람 불면서
우수수 떨어져서 굴러다니네.

남아 있는 알갱이들도
하나하나 따내고 솎아내어
알찬 방울들만 남겨 두는데

일일이 손으로 솎아내기에
새벽부터 어두울 때까지
나뭇가지를 더듬으며 다니네.

산속 강풍

계곡은 너무 고요하여
물소리도 들리는데

맞은편 능선 타고
산바람 올라오더니

온 산을 뒤흔들며
한꺼번에 억누르네.

밤새도록 부는 바람에
아무도 나서지 못하네.

산신령도 나오지 못하고
산짐승도 거닐지 못하고

날개 다친 산새

한쪽 날개 다친 산새는
늘어진 날개를 접고서

둥지에서 기어 나와
나뭇가지 움켜쥐고
가만히 햇빛을 쪼이네.

다시 둥지에 들어가서
해 지고 어두울 때까지
가만히 틀어 앉아 있네.

날개짓 하면 아프고
날개짓 해도 소용없고
날개는 점점 늘어지고

저기 민들레

무엇을 보았는지
무엇이 급했는지

자라지도 못하고
나지막이 엎드려
환하게 드러나네.

남들이 피어나니
노랗게 어울려서
민들레 피어나네.

들뜬 봄꽃

찬바람 여전한데도
봄꽃들은 서둘러 피어서

보는 이도 들뜨게 하고
이제 날이 포근해지는데

사월이 되기 전에
서둘러 시들어 가네.

잠깐 사이에 보였는데
무엇에 쫓기는지
무엇을 바라는지

일찍 꽃이 피어서
일찍 꽃이 시들고
일찍 떨어져 날아가네.

농장 멍멍이

복사나무 풀밭에
멍멍이 드러눕고

봄바람 일어나서
까치가 우짖는데

자작나무 숲으로
고라니 지나는데

잠결에 듣고서도
그대로 누워 있네.

올해 봄날

올해도 봄날은
봄비 내릴 때까지

하루 만에
서둘러 피어나던
봄꽃이 떨어지고

다음 날에
연초록 잎사귀들
서서히 드러나고

그 다음 날에
봄비는 그치지만
봄안개 드리우고

복사꽃 흐르고

줄지은 복사나무
잔가지 꽃몽오리
한꺼번에 퍼지고

분홍빛 터널 생기면서
하늘도 연분홍
숲속도 연분홍

수레의산 바람 타고
잔잔히 날리다가

며칠 지나서 비 내리면
연분홍 물빛 되어서
계곡으로 흘러들겠네.

수리뜰 복사꽃

복사꽃 마을에는
복사빛 보이는데

들불이 아닌데도
불그레 타오르네.

마을에 들어서면
복사꽃 둘러싸여
발길은 더뎌지고

분홍꽃 날리는데
수레올 계곡에서
수리뜰 아래까지.

복사꽃 찾으러

복사꽃 보러 가는데
잠시 늦추다 보니까

복사꽃은 떨어지고
복사빛은 시들었네.

다시 복사꽃 찾아서
고개 길을 올라가네.

반나절 더 올라가면
수레 계곡에 이르고

하루 밤 보내고 나면
늦은 복사꽃 피겠지.

바쁜 봄날

황사먼지 끼어도
햇살을 받으며

미세먼지 덮여도
햇볕을 쪼이며

봄날은 쉬지 않고
하루도 쉬지 않고
바쁘게 변해 가네.

남들도 쉬지 않고
나도 쉬지 말아야

겨울에 미루어 둔
잔일들이 기다리네.

산속 복사꽃

수레의산 샘물 녹으면
복사밭 햇살 들고

산길 시냇물 따라가며
복사 꽃눈 움트고

차곡 호수에 물 고이면
복사꽃 피어나고

차평 냇가 언저리마다
복사꽃 덮이다가

수레의산 바람 타고서
복사꽃 흩날리네.

수레올에서 수리뜰 마을로
연분홍 눈발 날리네.

2부

초여름 바람

복사꽃 떨어지고

수레올 복사꽃은
어느새 피어나서
어느새 떨어지네.

텃밭에 씨뿌리고
고추모종 심으며

과수원 멍멍이들
한눈파는 사이에

자작나무 바람에
연분홍 꽃송이들
여지없이 날리네.

복숭아 땀방울

복숭아나무 가지마다
알찬 복숭아 십여 개

사다리 타고 올라서서
복숭아 봉지 싸매는데
새파란 열매 바라보면
하나하나 땀방울 송이

한 가지에 십여 개 싸매며
땀방울 한 바가지 흐르고

잠시 내려앉아 쉬는데도
날벌레 주위에 날아와서
피곤한 육신을 괴롭히네.

너른 냇가

고개길 지나면서
고랑이 모이고

너른들 지나면서
개울이 모이고

냇가는 넓어지고
마음도 넓어지네.

수리뜰 지나가며
개울이 모이면서

이런저런 이야기
냇가에 담겨지네.

너른 들

수레의산 아래
너른들 가려면
복사길 지나가네.

너른 냇가 따라서
갈대잎 무성하고

큰길 지나가면
복사나무 자라네.

너른 들 벗에게
지난 겨울 보았던
이야기를 듣겠네.

앞산 산비둘기

더워지는 날씨에
아카시아 흔들리고

들길 건너에서
바람이 불어오면

앞산 숲속에서
산비둘기 짖는데

아카시아 떨어지고
산바람 잠잠하고

너른 길가 논에
모를 심을 때까지

낡은 비닐하우스

냇가 건너 길가에는
낡은 비닐하우스
여러 채가 줄지어서
기울어져 쓰러지네.

산으로 바람 막히고
햇볕이 잘 드는데도

냇가 바람 불어대니
찢겨서 너덜대네.

가꾸는 분이 없이
몇 년이 지나가더니

지붕도 주저앉고
철골 틀도 무너지네.

한여름 묘지

사나운 장맛비 쏟아지고
무더위 극성 대더니

산 능선은 잡초 무성하여
길을 헤치기 어려운데

산길도 묘지도
잡초 잡목에 덮여서

어디가 산길이고
어디가 산소인지

한 걸음 들어서고 나서
두 걸음 나가지 못하네.

외진 밤나무 산

터골 밤나무산에
밤톨이 떨어지면
줍는 아이들 없어도

소문 들은 이들이
해마다 들어가서
샅샅이 주워 가는데

외진 마을 뒷산은
소문이 나더라도
들르는 이들 없는지

드나든 발길이 없고
밤나무는 고사하고
소나무가 대신하네.

골짜기 사방댐

골짜기 사방댐은
산길에서 벗어나서

일부러 찾지 않으면
눈에 띄지도 않아요.

좁은 협곡 막았기에
움푹하게 내려앉아

차가운 겨울에도
바람이 거쳐 가지 않고
뙤약볕 들어요.

산골이 워낙 춥기에
한겨울 잔설이
바위틈에 남아 있고

바닥에 얼음이
여전히 남아 있어요.

쓰러진 고라니

과수원 서쪽 아래
사방댐이 보이는데

어린 고라니가
바닥에 쓰러져서

차가운 겨울 햇살에
초라하게 말라가네.

서쪽 비탈길 내려와서
찬물 두 모금 마시고

잠시 쉬려고 했는지
다리에 힘을 잃고

옆으로 누웠다가
다시 일어나지 못하고

비탈길 쳐다보면서
영원히 잠들었네.

작은 기운이 있다면
비탈길 올라가서
서쪽 능선을 넘어서

마른 수풀 들어가면
그리운 가족 만나고

컥컥 소리도 지르고
다시 사방댐 들를 텐데.

중말 너른 논

중말 너른 논에
이양기 지나가니
볏모가 심어지고

물이 채워져서
커다란 호수인데

하얀 새 한 마리
논둑에서 쉬다가
논으로 들어가네.

냇가 너머에서
한 마리 날아와서
논으로 들어가네.

드넓은 논에는
하얀 새 두 마리
가만히 서 있네.

힘든 시골살이

붙들어 매던 댕댕이는
어디로 나갔나 보네.

막대기 줄도 없으니
멀리 달아났는데

빈집은 훤히 보이고
밥그릇도 비어 있고
잡초가 빠져 있네.

땅속에 물길이 있는지
마당 한쪽은 내려앉고

빨래줄 아래 잔디에는
달개비 풀 번져나네.

마른 고구마 싹

늦게 심은 고구마 싹은
겨우 하루 지나니
바싹바싹 마르는데

다행히 오후에 흐려지니
어서 해지기를 기다리네.

내일 비 내린다면
땅속 뿌리 젖어 들고
다시 싹을 밀어 올리겠네.

조금이라도 젖어들면
다시 싹이 올라오니

늦게 심은 고구마 싹은
비 내리기만 기다리네.

뻐꾸기 수선화

산속 웅덩이 둘레에
수선화 한들거리는데

뻐꾸기 날아와서
웅덩이 내려다보며

산에 비 내리라고
뻐국 뻐국 울어대고

수풀 나뭇잎 넘실대니
빗방울 쏟아지겠네.

산에 빗물이 모이면
웅덩이에 흘러들고

물가 둘레 수선화는
발목까지 물에 잠기고

변하는 차평리

해마다 봄이 되면
수레의산 복사꽃은

산벚꽃 바라보며
조용히 떨어지네.

세월이 지나가며
마을이 변해 가도

복사꽃 피어나서
말없이 떨어지네.

마을이 변해 가니
아쉬워서 떨어지네.

복숭아 봉지

작은 알맹이 솎아내니
넉넉한 공간 생겨나고

가지마다 토실한 것들
서너 개씩 남아 있는데

하나하나 봉지 싸매고
하루하루 봉지 싸매고

이달 말까지 기다리면
장마비 한차례 내리고

뜨거운 햇살을 피하여
사나운 벌레들 피하여

노란 봉지 속에 숨어서
복숭아 알맹이 자라네.

물드는 복숭아

이제 초여름 들었다지만
아직 아침 저녁은 선선하고
비도 별로 내리지 않았는데

작은 복숭아 쌍둥이는
통통한 모양을 갖추자마자

뾰족한 열매 끝에
분홍 빛깔을 띠고서

얼굴 한쪽에도
불그레하게 물드니

자연의 이치이기도 하고
가꾸신 분의 정성이지요.

3부

더운 여름과 초가을

농장 마당

반가운 벗들이 온다는데
오랜만에 모이는데

마당에 자리를 펼 수 없고
실내로 들어가야 해요.

더운 여름이 시작되기에
마당에 자리를 펼 수 없어요.

무더워서 마당에 나오면
벌레들 무리 지어 몰려요.

이제 한여름으로 들어가니
실내에 자리를 마련하고서
그곳으로 벗들을 불러요.

고라니 반짝 눈

숲속에서 무엇이
반짝반짝 빛나요.

고라니 까만 눈이
반짝반짝 빛나요.

밤하늘 별 보면서
고라니 눈이 반짝이고

풀잎 이슬 보면서
고라니 눈이 반짝이고

지루한 무더위

하루 종일 지루하게
비 내리기를 기다리는데

온종일 짙은 안개는
무더위를 줄줄 뿜어내고

멀리서 천둥소리 요동쳐도
비바람은 불지도 않으니

두꺼운 무더위에 깔려서
좀처럼 버둥대지도 못하니

바람이라도 불어오기를
한나절 기다리고 있어요.

벌써 복숭아 수확

오월에 메추리알 정도인데
지난달 작은 달걀만 하다가
이제 주먹만 하려니 했는데

벌써 왕복숭아 되어서
오늘 내일은 수확하네요.

햇살과 비바람도 놀랍고
가꾸신 분의 정성은
그저 의아할 뿐이네.

그분의 손길이 닿으면서
맑고 붉어진 복숭아가
나무마다 탐스럽게 매달리네.

붉게 칠한 복숭아

어떤 물감 어떤 색깔
어떤 솜씨 인지
말할 필요 없어요.

아이들이 모여들어서
작은 손길 가는 대로
칠해 놓은 솜씨지요.

연한 복숭아색 바탕에
아이들이 마구 칠해 놓은
붉은색 물감이네요.

여기저기 마음대로 칠해도
연불그레 샛불그레 물들고

초여름 비

이른 더위 찾아왔지만
늦봄 흔적은 남아 있고

주말부터 비 내린다는데
삼일 동안 내린다는데

벌써 첫날인 오늘 낮에도
적게 내리지는 않았으니

초여름 들어섰다고 하겠네.

아직 다친 다리가 저려서
나가 볼 형편이 아니지만

마음속에 발걸음은
밭 구석을 거닐고 있네.

복숭아밭 뻐꾸기

수레의산 골짜기에
초여름 들어서면
뻐꾸기 날아오는데

뻐꾸기 소리 들리면
복숭아 부풀어 오르고

산 너머로 날아가서
돌아오지 않더라도

잎사귀 사이 복숭아는
여전히 부풀어 오르죠.

산길 묘지

초여름 초저녁에
산길을 지나가면

낮은 수풀인데도
잡초로 우거지고

산길 묘지로
들어가는 길 막히고

가신 분들은
아무 말도 하지 않고

더위 참기

날마다 무더위 더해져서
앞마당 채소들 바라보면
무던히도 대견히 보이네

무성한 줄기는 퍼져나고
짙은 잎사귀에 가려지고

아무리 햇살이 뜨거워도
말없이 가만히 견디면서

한밤에 습기를 머금으며
늘어진 잎사귀 세우고서
여물어 가기를 기다리네

하루 동안

하루 동안
마신 물이
한 동이 되고

하루 동안
흘린 땀이
한 동이 되고

하루 동안
피곤함이
한 아름이나 되고

하루 동안
안은 꿈이
한 아름이나 되고

한여름 더운 꿈

한여름에는
잠시 동안이라도
꿈을 접어 두어요.

햇빛 이글거리면
공기 끓어오르고

들길도 데워지고
산길도 데워지고

수풀도 작물도
푸르게 타오르니

더운 한여름에는
꿈을 접어 두고
잠시 기다려 보아요.

파꽃

뜯다 남은 파밭에는
초록 줄기 억세지고

뾰족히 오무라들면
꽃몽오리 맺혀지고

하얀 파꽃 피어나면
하얀 나비 날아오네.

한 주일 지나가면
나비들 날아가고
무더위 찾아오네.

파꽃은 반으로 접혀서
파 줄기는 상처 나서
시들어서 부러지네.

길가 개망초

개망초 보면서
길가 따라가면

작은 솜뭉치들
총총히 박히고

냇가 언저리에도
자갈밭 틈새에도
빈집터 마당에도

산아래 길 따라서
수레울 고개까지

한여름 무더위에
새하얀 솜뭉치들

울타리 메꽃

얼기설기 둘러진
작두콩 울타리에
메꽃 줄기 끼었네.

붉은 빛깔까지는
바라지도 않지만

뜨거운 햇살에도
너무나 연하게도
희미한 분홍빛깔

무더운 한낮에도
둥그런 나팔처럼
꽃잎은 벌어지네.

더운 하루

밤새도록 무더워서
그대로 가다리다가
새벽이 들어오는데

잠시나마 서늘하여
그러기만 바라는데
해 뜨자 더워지고

바람을 기다리다가
반나절 지나가고

무더위를 참다 보면
한나절 지나가네.

그 모습

세월이 지나고 나면
정겨운 분들은 가고
정든 모습도 사라지고

어쩌다 어쩌다가
그곳을 떠올리면

정겨운 분들 떠오르고
정겨운 모습 떠오르고

아쉬운 세월은 지나도
그리운 분들은 남는데
스치며 지나간 모습들

복숭아 비용

초여름에 복숭아 수확하는데
가만히 있어도 땀이 흐르고

산바람 불어도 무더운 작업이
이제야 거의 끝나가는데

올해도 이대로 한 해 농사는
마무리되어 가나 봅니다.

대충 수익을 정리하기 전에
덥석 걱정이 앞서네요.

올해 수확을 생각하면
큰 차로 서너 번 더 날랐지만

지난 늦겨울에 준비하여
농장에서 불 피우고 섞어 만든
유기질 살균살충제 비용 빼더라도

초봄에 비료비용 설치비 재료비
초여름 들어서며 약품 영양제
포장재료 물류비용 더하고
남들 인건비까지 보태야 하지만

우리 식구들 힘든 노고는
품삯 한 푼 없이 제외되네.

실정을 알지 못하는 남들은
한가하고 부럽다고 하겠지만

오늘 밤에도 고단하여
아픈 몸을 쓰다듬으며
멀리 벗의 소식을 기다리네.

하얀 개망초

꾸미지도 않아서
눈길을 받지 않지만

여기저기 피어나서
하얀 무리를 이루네

길가에 자리 잡고
밭둑에 얼기설기
빈터에 자욱하게

뜨거운 햇살에도
아랑곳하지 않고서

저녁 서늘바람을
기대하지도 않고서

지나가는 이들에게
눈길 바라지도 않고

줄어드는 중말

너른 차평마을 들판은
해마다 철마다 줄어서

냇가 건너 산자락은
큰 건물에 가려지고

길가 사과밭 자리에는
번듯한 공장 들어서고

비닐하우스 따라가던
복숭아밭 넓은 고랑도
절반으로 줄어드는데

내년 이맘때 더운 날에
노란 복숭아 봉지
싸맬 일도 줄어들겠네.

수레올 길가

수레울 냇가는
한창 무더워도

둑길 언저리에
금계국 피어나고

길가 따라가며
코스모스 자라는데

장마 지나가고
초가을 들어가기를
지루하게 기다리네.

며칠 전에라도
한두 송이라도
살짝 피어나겠지.

알밤 이야기

가을 이야기가
알밤에 들어가서

알밤 하나에
정겨운 이야기

알밤 하나에
아쉬운 이야기

가을이 담겨진
알밤을 보내면서
이야기도 전하고

새로운 한 달

한 달이 지나고
새달이 시작되면

하루하루 지나고
삼일사일 지나고

잠시 잠깐 사이에
한두 주일 지나고
보름을 맞이하네.

날짜를 세어보면
월말이 다가오고

한해가 줄어들고
연말이 다가오네.

흐린 하루

새달이 시작되어
하루하루 지나고
또 하루가 지나고

어제 밤 지나가니
오늘 새벽이 되고
셋째 날 시작되네.

흐린 하루 열려도
밝은 날 기대하면
밝은 저녁 되겠지.

수레올 지킴이

진흙 무늬 멍멍이는
산속 복숭아 농장에
당당하게 머무는데

한낮에는 구석에서
늘어지게 누웠다가
농막 주위를 거닐고

산골짜기 어두우면
밤새도록 쏘다니며
산짐승들 추적하네.

어둡고 고요한데도
멍멍이 발길 소리에
산짐승들 잠 못드네.

내 마음 내 걸음

이미 내 마음이
그곳에 있다면

한 걸음이라도 디디며
그곳에 가야겠지.

그곳에 간다고 해도
벌써 마음이 떠나간다면
어디로 걸음을 디디겠나.

내 마음을
한시도 알지 못하니

내 걸음을
잠시도 잡지 못하네.

힘든 여름나기

사나운 비바람이
한순간 몰려와서
불볕더위 날리고

거센 폭우 쏟아져
산자락 무너지고
산길도 쓸려가네.

더위에 허덕이며
태풍에 넘어지고
폭우에 잠기면서

한여름 보내기는
어찌나 어려운지
들녘만 바라보네.

예초기 고장

어느덧 때가 되어
벌초해야 하는데

작업을 시작하면
예초기 고장나고

고치고 정비하면
반나절 지나가네.

더운 날씨 피하여
작업해야 하지만

예초기 둘러메고
시동을 걸어보네.

고구마 줄기

식당 아주머니는
고구마 줄기 고르며
껍질을 벗기시네.

쉬는 시간 내어서
줄기 껍질 벗기시네.

상자에 담겨진
다발을 꺼내어서
짧게 다듬어서
한쪽에 쌓고서

줄기 하나씩 집어서
한마디 구부려서
껍질을 벗기시네.

벗겨나간 껍질은
한쪽에 뭉겨 쌓이고

벗겨진 줄기는
가지런히 수북하네.

아무 말씀도 없이
고구마 줄기 다듬고
마음을 다듬으시고

백년 살이

백 년을 살다 보니
별일을 보게 되고
별일을 듣게 되네.

백 년을 살다 보니
한순간 지나가며
모든 일 잊게 되네.

한 걸음 한 걸음
백 년이 지나가고

한순간 한순간
백 년이 지나갔네.

지나가는 세월

세월이 지나는데
기쁜 일 슬픈 일
지나가고

속상하고 아쉬운 일
지나가네.

세월이 지나는데
기쁜 일 슬픈 일
다시 오고

속상하고 아쉬운 일
어제처럼 다시 오네.

4부

추운 계절에

창문 빗소리

깊은 밤이어서 보이지 않아도
달가닥 달가닥 소리가 들리고

창문을 두드리는 소리인데
이 밤에 누가 올 수 없어요.

누구인지 바로 알 수 있어서
소리만 듣고 반가이 맞이해요.

기대하던 빗방울 쏟아지기에
한밤 빗소리는 소란하지 않고.

궁금한 소식

한동안 소식을 보내오지 않으니
어찌 지내시는지 궁금합니다.

그곳 농장은 별일이야 없겠지만
늘 바쁜 손길이 닿아야 하겠지요.

한여름 더위 지나가기 전에는
일부러라도 들른다고 말했지만

공연히 하루하루 어려운 작업에
방해될까 염려되어 망설여지는데
서투른 몸짓 손짓으로 거들다가
정리된 일을 망치게 마련입니다.

농사도 전문 기술이 있어야 하니
방문객은 섣불리 참견하지 말고
가만히 있으면 도와주게 되지요.

날아오는 먹구름

시커먼 먹구름 날아오니
푸른 산꼭대기에
바로 어두움 깔리고

저쪽 밝게 보이는 데로
서둘러 발길 옮기는데
바로 소나기 쏟아지네.

먹구름도 산봉우리도
틈새도 보이지 않고

지나가는 이 길에도
지나가야 할 앞길에도
여전히 빗줄기 퍼붓네.

비어 있는 농가

한동안 소식이 없어서
일부러 농가에 들렀는데

마당에 깔린 잔디 대신에
잡초가 들어서 자라나고

한 구석에 남은 잔디조차
다듬은 흔적은 없고

꼬리 흔들던 멍멍이 집은
그대로 비어져 있네요.

장마에 쓸려 내린 흙더미는
아직 담장 아래 쌓여 있으니

주인께서는 한여름에
어디 편하지 않으신가 봅니다.

지금 계시지 않은가 하여
다음에 다시 들러보려고 하니
그동안 별일 없기를 바라는데

마당 밖에 자라는 댑싸리처럼
항상 푸르고 줄기차고
금빛으로 빛나기를 바랍니다.

산속 웅덩이

산속 웅덩이는
한낮에 한가로운데

어두워지면 적적하여
가을 보름달 담아서
서로 어울리겠네.

지나가는 길에
하루 머물게 되면

밤하늘 흐리더라도
내 마음이 담기겠지.

이른 새벽 비

새벽은 아직 어두워서
밝기를 기다리는데

가을이 되어서
해가 늦게 뜨려나 했는데

가을이 되어서
새벽에 비가 내리네.

가을이 되어서
해는 뜨지 않고
비가 먼저 내리네.

가을 낚시

초가을 어두운 밤에
저기 강변 너머로
마을 불빛을 멀리하고

홀로 낚싯대 드리우고
어두운 물살을 바라보네.

가을밤에 물가는 차가운데
가만히 낚시를 드리우네.

한참이나 지나서
강 건너 마을 불빛이
하나하나 꺼질 때까지

차평마을 나들이

새벽 수탉 우짖는데
동틀 기색은 없으니
창밖으로 하늘 보네.

흐린 구름 무리지어
새벽 살바람 타고서
동쪽으로 날아가네.

차평마을 나들이에
오가는 길 흐려져도

어르신들 큰 미소가
아침부터 크게 피네.

복숭아나무 다듬기

복숭아가 모두 떨어지니
나무는 기진맥진하고
잎사귀는 시들어 가네.

나무가 잠들기 전에
다듬어 주는데

나무 밑동 주위에
잡풀 제거 제초하고

여름 내내 삐쳐나온
곁가지들 자르고

몸을 말끔히 소독하고서
영양분 담긴 웃거름을
넉넉하게 뿌려 주어요.

늦가을 싸매야 할 볏짚은
벼 베고 추수하고 나면
한 차 가득하게 실어와요.

추위 대비

첫서리 내리면
걱정이 덜컹 내려앉아요.

고달픈 계절의 시작이어서
추위 대비하며 시간을 보내요.

보이는 대로 두껍게 싸매고
여러 겹으로 덮어두어요.

여러 달 지내야 하니
죽은 듯이 움츠리고 버텨서
간신히 생존해야 합니다.

담담한 구절초

저기 홀로 피어도
담담한 구절초

무리 지어 어울려도
담담한 구절초

찬 바람 불거나
차가운 서리 내리거나
담담한 구절초

눈길 두지 않는 들길에
발길 닿지 않는 비탈에

억센 잡초 사이에서
담담한 구절초 자라네.

밤안개 멧돼지

늦은 아침에 햇살 퍼져나니
안개 걷히면서

감나무 가지부터 보이고
붉은 연시는 여전히 선명하네.

비탈밭에 남은 배추는
이파리를 여민 채
여전히 가지런해야 하는데
어지럽게 파헤쳐지고

베어져 넘어진 옥수수 줄기도
가지런해야 하는데
어지럽게 뒤섞여 있으니

밤 사이 안개 속에서
멧돼지들이 내려왔나 보다.

버거운 늦가을

늦가을 아침은 차가워서
시작하기 버겁나 보다.

얇은 거미줄에
무거운 이슬 매달려 늘어지고

산새들도 깃털이 젖어서
날개짓 하기를 머뭇거리고

산속 덤불에서
밤새 웅크린 고라니는

까만 코에 김이 서리고
황갈색 잔등도 축축하기에

지나간 해돋이

올해는 지나가는데
며칠이면 끝나가는데

새벽 해돋이 가자는 소식은
이제 들리지 않네.

어두운 새벽길 더듬어 올라서
떠오르는 첫해를 기다리면

차가운 아침 햇살이
달아오른 얼굴에 비추었지.

이제 해돋이 소식 없지만
그리운 얼굴들 떠오르네.

내려앉은 무덤

나즈막한 봉분은
겨울이 되어서야
겨우 보이는데

봉분 옆에 소나무는
몇 해나 되었기에
고목이 되었나.

둘레는 칡넝쿨 엉기고
앞터는 잡초 덮이고
헤치고 들어갈 길은
어디인지 사라졌네.

주변 수풀을 보자면
수백 년은 되었는데

무덤도 나무도
세월을 셈하지 않네.

가려는 곳

내가 가려는 곳은
아름다운 곳 아니고

기이한 곳 아니고
놀라운 곳 아니고

잠시나마 나를 내리고
나를 잊으며
지나가려는 곳인데

겨울비 내리고

겨울비 내리고
시간이 느리게 가는데

진한 커피 향기
연해지고

뜨거운 커피
식어 질 때까지

창가를 바라보아도
비가 멈추지 않고

눈 내린 그곳

눈보라 다시 날리니
잠시 마음을 접어 두던
그곳으로 가야 하려나.

가는 길에도 눈이 내리고
그곳에도 눈 내렸으니

마음은 그곳으로 향하네.

내린 눈이 녹기 전에
한번은 가기로 했으니

산골 눈길

산골 초막에
함박눈 내리는데

하얀 울타리
드넓게 둘러지네

싸리 빗자루 저으며
나가는 길 쓸어본들
오가는 이들 없으니

나가는 길도 덮히고
들이는 길도 덮히네

구운 가래떡

장작난로 뜨건 열기
두 손으로 쪼이면서

굳어버린 가래떡이
녹녹하게 구워지네.

얇은 껍질 갈라지고
부드러운 속살에서
허연 김이 퍼져나네.

절반으로 꺾어보면
쫀득하게 늘어지고

입김 불어 식히고서
앞 이빨로 깨물고서
어금니로 잘라내네.

어기어기 씹을수록
쌀밥 맛이 우러나네.

본말 충절문(忠節門)

옛날에 그 길가에
나라에 목숨 바친
충신을 기리려고
비각을 세웠는데

고가도로 지나가도
여전히 기품 있고
소란해도 견뎠는데

둥근 뒷산 잘려지고
땅바닥도 내려앉아

낮은 오두막 되어서
빈집 작은 창고처럼
초라하게 쇠락하네.

어느 날 무슨 일로
허물어져 없어져도
어느 누가 더듬겠나.

중말 열녀문

밭에 땅콩 심으면
위엄있게 보이고

담배잎사귀 퍼지고
고추 줄기 자라도
드러나게 보였는데

복숭아나무 줄기와
한껏 어울어졌는데

건물이 들어서고
주위가 막혀지니

열녀각 담장 안으로
이야기도 사라지네.

마을 방송

이따금 저녁 무렵에
마을회관 방송 소리
수리뜰에 퍼져나네.

귀에 익은 목소리로
천천히 똑바르게
천천히 반복하여
천천히 다정하게

냇가 건너서
공장 아래까지

마을 창고 옆길
너른들 뒤까지

저 아래 마을 입구
큰길 사거리까지

휴식하는 분들에게
드나드는 분들에게
저녁 드시는 분들께

마을 소식 전해지고
마을 정감 전해지고

마을 정자

수레의산 마을에는
아담한 정자가 있는데

한낮에 더우면
아주머니들 모여서
아이들 걱정하시고

어려운 시절에
정든 이야기 나누다가
저녁 준비하러 들어가고

저녁에 해 지면
어르신들 모여서
농사일 걱정하시고

어려운 시절에
힘든 이야기 나누다가
밤늦게 들어가셨는데

세월이 지나가니
마을 마당 한가운데
기와 정자는 있는데

더운 한낮에도
서늘한 저녁에도

모이는 분들 없고
이야기도 없어지네.

수레올 계곡물

수레의산 꼭대기에
먹구름 내려오면

큰비가 쏟아져서
온 산 능선을 적시네.

수레올 계곡으로
몰리고 몰려 들어오면

물길이 넓어지고
물풀을 쓸어내리며

수레농장 다리를 지나서
차평 저수지에 모이네,

새터 빨간 지붕을 보면서
마을회관 물길 지나고
중말 냇가로 들어가네.

수레의산 수리뜰

작품 해설

- 아름다운 수리뜰 복사꽃 이야기 -

최병훈
문화평론가
수레의산 농장 대표

　수레의산은 음성 지역의 북서쪽에 자리 잡은 명산입니다. 의젓한 산세만큼이나 많은 이야기를 간직하고 있으며, 이러한 이야기들은 널리 퍼진 계곡으로 흘러 내려간다. 여러 계곡 중에서 북동쪽으로 내려가는 물길은 금왕 지역에서 내려오는 응천과 만나게 되는데, 바로 차평리 뜰 앞을 지나게 된다.
　반대로 마을을 거슬러서 산 계곡으로 올라가다 보면 담담한 잡초들이 피어나고 있다. 작가는 이러한 정경을 눈치채고 다음과 같이 묘사하고 있다.
　여기에서 개망초가 냇가와 산언덕 밭에 만개하고 있음을 보면서 골말 지역의 실정을 한탄하고 있다. 즉, 산 위 지역인 골말에는 많은 어르신들이 이미 타계하시고 줄어드는 인구와 함께 비어가는 농촌의 현실을 살펴보고 있다. 더 나아가서, 이러한 터전에 개망초가

점점 확산되어 가고 있음을 묘사한다.

개망초 보면서
길가 따라가면

작은 솜뭉치들
총총히 박히고

냇가 언저리에도
자갈밭 틈새에도
빈집 터 마당에도

산 아래 길 따라서
수레울 고개까지　　(길가 개망초 – 중에서)

　응천을 지나다가 남쪽으로 웅장한 산세가 보이는데, 그곳이 수레의산이고 그 아래가 아름다운 차평리 수리뜰 마을이다. 작가는 수리뜰 마을로 들어가면서 과거를 회상하게 된다.
　비록 작가 자신이 거주하던 곳은 아니지만, 우리가 공감하게 되는 정서를 떠올리고 있다. 먼저 마을로 들어가는 길을 따라서 너른 밭과 과수원이 보이는데, 그 뒤에 흐르는 한적한 냇가로 걸어가고 있다.

너른들 지나면서
개울이 모이고

냇가는 넓어지고
마음도 넓어지네.

수리뜰 지나가며
개울이 모이면서

이런저런 이야기
냇가에 담겨지네.   (너른 냇가 - 중에서)

　멀리 수레의산 바로 아래 골말 마을에서부터 저수지 아래 마을인 본말과 중말, 그리고 새터에는 손상되지 않은 자연스런 모습들이 곳곳에 남아 있다. 이러한 모습을 작가는 자연스런 눈길로 바라보며, 자연스런 글로 적어 내려가고 있다. 아니 그때그때 하나하나 살펴보면서 정서를 공유하고 있다.

수레의산 아래
너른들 가려면
복사길 지나가네.

너른 냇가 따라서
갈대잎 무성하고

큰길 지나가면
복사나무 자라네.　(너른 들 - 중에서)

　특히 차평리 일대는 햇사레 복숭아 마을의 한곳으로 알려져 있다. 이미 지리적으로 언급한 대로 수레의산 바로 아래 골말로부터 차평 유신저수지를 지나서 중말, 본말 새터에 이르기까지 사계절 내내 산골 복숭아나무를 보게 된다. 작가는 이러한 복숭아에 대한 애착을 계절별로 적고 있다. 다시 말해서, 봄날의 복사꽃, 여름의 복숭아 빛깔, 그리고 수확의 보람과 고단함을 이야기하고 있다.

수레올 복사꽃은
어느새 피어나서
어느새 떨어지네.　(산속 복사꽃 - 중에서)

　또한 마을에서 보물처럼 아끼는 탐스러운 복숭아 수확의 보람뿐 아니라, 해마다 겪고 있는 농경의 어려움을 진솔하게 그려내고 있다. 더 나아가서, 현재 우리가 경험하고 있는 농촌의 실정과 고단함도 빠트리지 않고 언급하고 있다.

골무니마을 길가에
낡은 비닐 하우스

여러 채가 줄지어서
기울어져 쓰러지네.

산으로 바람 막히고
햇볕이 잘 드는데도

냇가 바람에 계속되니
찢겨서 너덜대네.　　　(낡은 비닐하우스 - 중에서)

실제로 복숭아 농경의 고단한 실정은 우리 시대 농촌의 현실이다. 작가는 단순히 복숭아를 감상적인 실체에 머무르지 않고, 복숭아는 우리가 경험하고 있는, 직면하고 있는 현실임을 강조하고 있다.

지난 늦겨울에 준비하여
농장에서 불 피우고 섞어 만든
유기질 살균살충제 비용 빼더라도

초봄에 비료비용 설치비 재료비
초여름 들어서며 약품 영양제
포장재료 물류비용 더하고
남들 인건비까지 보태야 하지만

우리 식구들 힘든 노고는
품삯 한 푼 없이 제외되네.　(복숭아 비용 - 중에서)

　수레의산에 들어가려면 하나의 마을을 지나가야 하는

데, 그 마을 입구에는 마을 표지가 아담한 돌덩어리로 세워져 있다. 바로 여기는 수리뜰 이라고 .... 다른 이름이 아니고 수리뜰 임을 명시하고 있다.

즉, 그동안 지명에 대한 다양한 설명이 전해지고 있으나, 이 마을은 수리뜰 임을 자랑스럽게 표기하고 있다. 즉, 마을의 징체성을 다시 확립하여 전히려는 의지를 읽게 된다. 작가도 이러한 마을의 뜻을 존중하여 작품의 내용에 일관되게 이 표기를 따르고 있다.

더 나아가서, 바로 마을의 정체성인 전통으로 이어지고 있다. 즉, 마을에서 오랫동안 존중의 대상인 역사적 유물에 접근하고 있다. 하나의 예로서 마을 아래 오랫동안 지키고 있던 문화재에 대하여 언급하고 있다.

옛날에 그 길가에
나라에 목숨 바친
충신을 기리려고
비각을 세웠는데

고가도로 지나가도
여전히 기품 있고
소란해도 견뎠는데

둥근 뒷산 잘려지고
땅바닥도 내려앉고 (본말 충절문(忠節門) - 중에서)

여기에서도 작품의 제목을 충신문 이라는 공적인 안내 명칭에서 벗어나서 문화재의 고유 명칭인 충절문(忠節門) 이라고 표기하고 있다. 작가의 이러한 태도는 작품 소재에 대한 실증적 접근 방법을 보여주게 한다.

　작가는 이 작품을 통하여 우리의 소중한 문화와 자연에 대한 존중, 그리고 전통의 변화에 대한 아쉬움을 표현하고 있다. 수리뜰에 대한 작가의 관심과 애정에 깊은 감사를 드리며, 작품이 널리 소개되고 읽혀지고 공감되기를 기대한다.